你好啊，小诗词

⑥浮生半日闲

刘道林◎编著
霜　豪◎绘

中国铁道出版社有限公司
CHINA RAILWAY PUBLISHING HOUSE CO., LTD.

[使用说明]

9 类 88 种汉字结构
和语文配套的硬笔楷书
全方位的练习指导
与诗文紧密结合

注释
给多音字、生僻字注音
为难字释义

16 类 200 首经典古诗词
硬笔楷书，大字展示
更方便抄诗、临摹
诗词涵盖中小学生必背诗词
及优秀的课外诗词

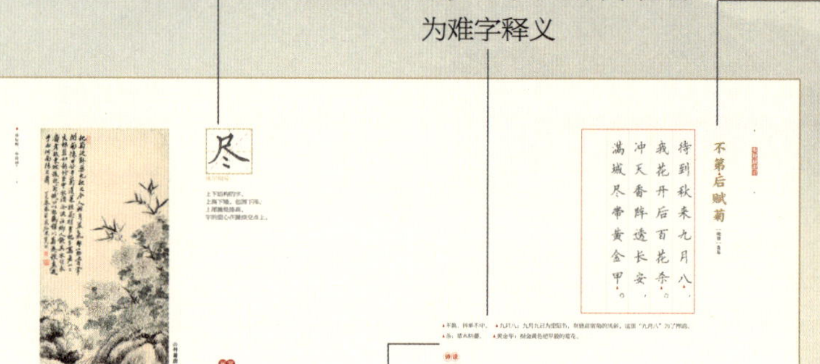

小诗词知识
了解诗人创作背景
感受古代文人生活
学习诗词分类知识

画赏
读诗赏画
培养审美

诗说
尊重诗词原意
解读诗境，注释浅显易懂

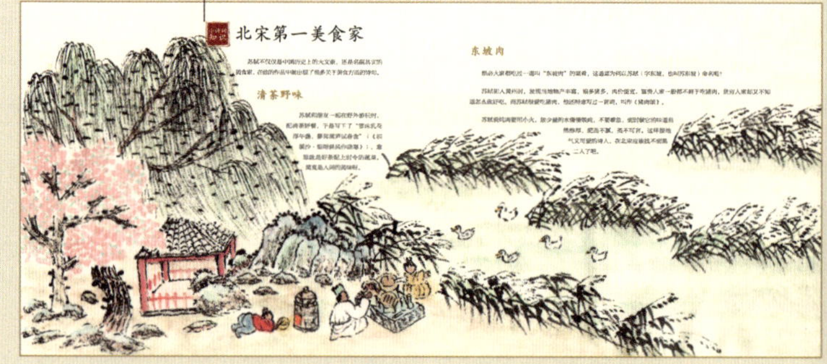

[书 法 常 识]

坐姿

开始做诗抄，首先要有一个正确的坐姿。好的书写姿势，既可以提升专注力，又可以让身体更放松，还可以提高抄诗的速度，达到事半功倍的效果。

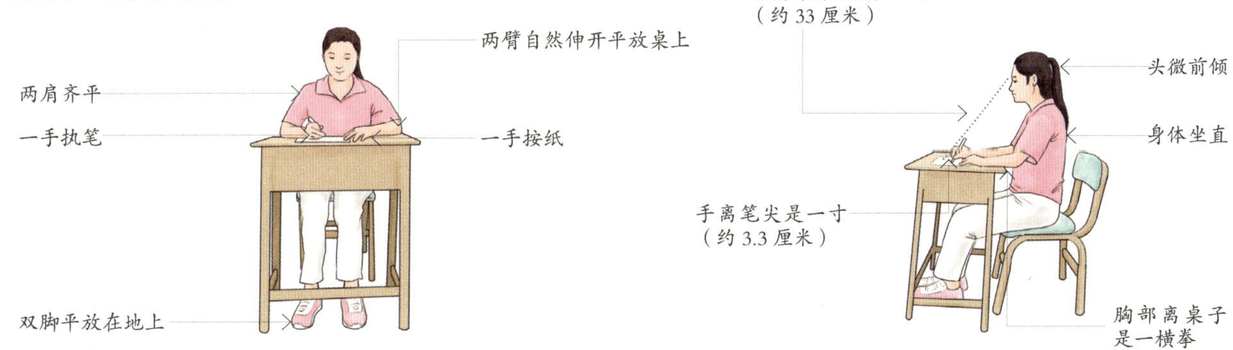

正确的书写姿势

握姿

抄写诗的过程需要手指和手腕的配合，“两面三点执笔法”能有效地调动它们的灵活性，①②两面捏住笔，③④⑤为支撑点。

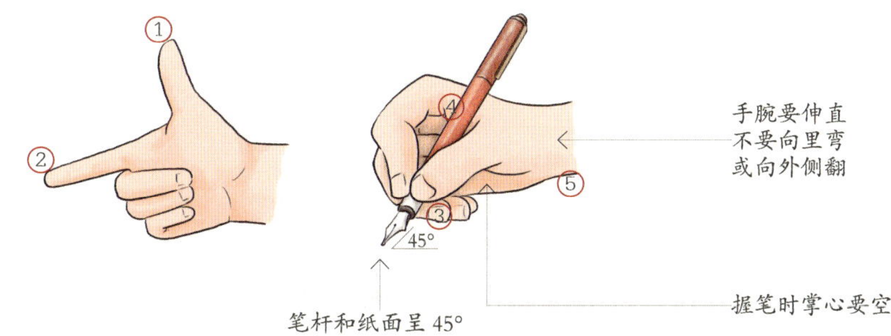

心态

抄诗时要心平气和，不能过分追求速度，导致越写越急，越急写得越潦草。

善于发现抄诗的乐趣，养成一种“乐而知之”的良好心态。

每天可以安排 5~15 分钟抄诗，需保证抄诗的质量，不要追求数量。

选笔

笔尖坚硬的书写工具，都被称为“硬笔”。可根据不同学段选用铅笔、中性笔、钢笔等抄诗工具，笔杆应粗细相宜。不建议选择自动笔和圆珠笔进行练字。

选帖

在挑选临摹字帖时，建议根据个人的喜好选帖。将水平较高的字帖，放在一起对比。

当代一些比较优秀的书法家，他们风格都各不相同，有清秀别致、严谨规范的，也有潇洒飘逸、激励奔放的。选择自己最喜欢的字帖临摹。荀子曰“好一则博”，初学书法，要先专一，方能博学。选好一本字帖，要专心致志练下来，不能朝三暮四，待一本字帖临摹熟了，才可更换字帖，博采众长。

读帖

在临帖之前要仔细观察字的结构、布局、笔画、笔法等，古人称之为“读帖”。

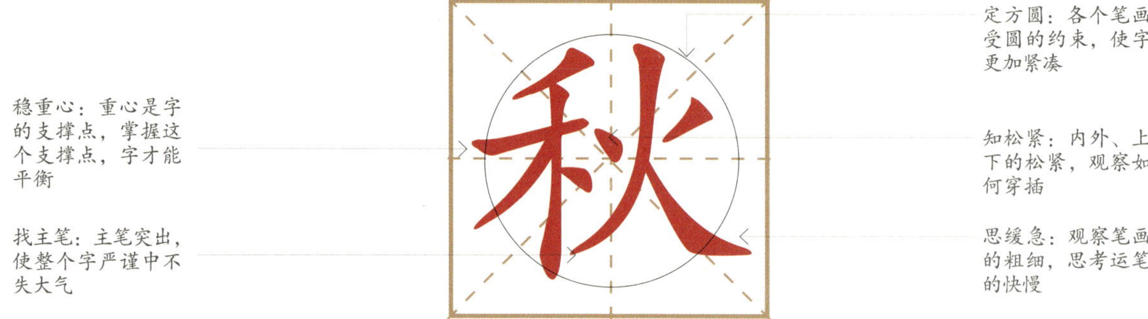

临帖

临帖是照着字帖上的字，通过自己练习去了解书法的技法和规律，是学习书法的最有效方法。学习的重点从笔画到结构再到章法，循序渐进。

笔画：一个笔画怎么写

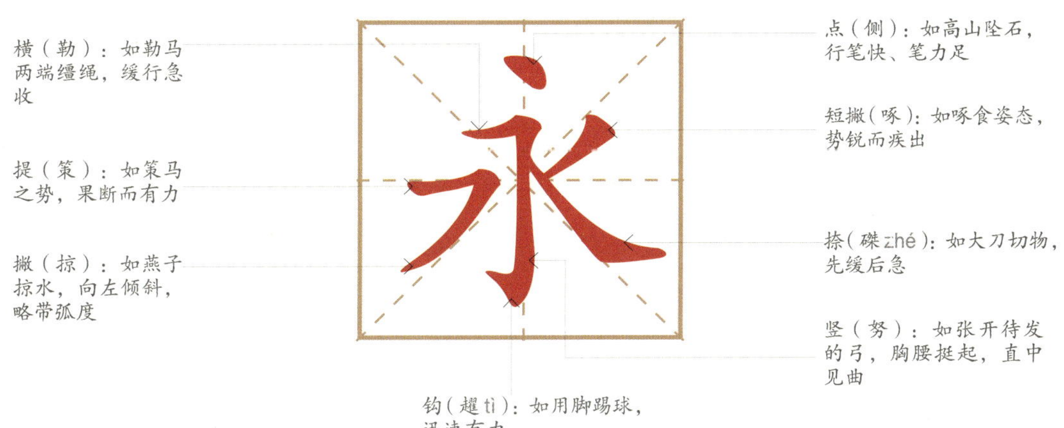

结构：一个字怎么写

汉字分为上下、左右、半包围、独体字等结构，结构虽然多样，但还是有规律可循。这里不赘述，正文“练字指导”版块里，有详解。

章法：一首诗怎么写

特点

整齐划一：字与字、行与行之间等距，保持整齐但不呆板。

多样统一：在和谐统一的关系中注入多样性、变化性，不应该忽略每个字的细节。

形式

横写法：字序从左到右，行序从上到下，首行空两格，字间加标点。

竖写法：字序从上到下，行序从右到左，是较为传统的书写方式。

练字指导版块的解释

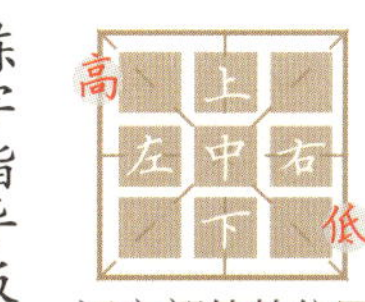

汉字部件的位置

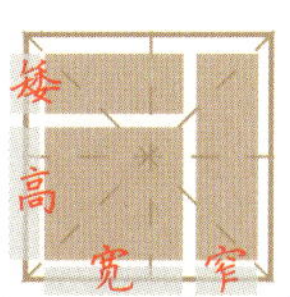

汉字部件的尺寸

练字指导索引

手机扫描二维码，即可观看书法课程。

目录

忙

闲

古诗词快速记忆技巧

熟读后，书写三遍。

第一遍，描：用自干笔在本书诗词上直接描。

第二遍，抄：在田字格本子上抄，每句只看一次。

第三遍，默：尝试独立默写整首诗。

（每个主题的诗词按照难度由低到高排序）

浮生半日闲

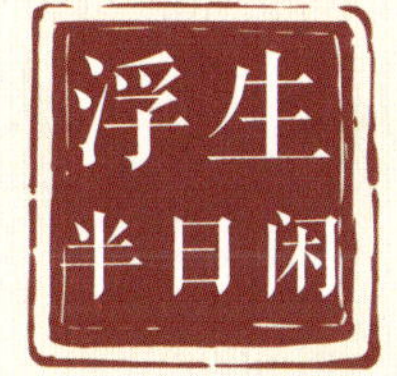

经典的古诗词，诵读是远远不够的，在落笔书写的那一刻，在平顺转折之间，字里行间溢满了诗人的情怀。诗言志，词言情，生活中有了诗词，才会有诗意。从小就感受诗词的意境，人生何惧不精彩。

这本《浮生半日闲》分册中，我们选择了 25 首诗词，并根据诗意分为忙、闲两个主题，引导读者赏析诗词，抄写诗词，理解诗意，感受诗境。

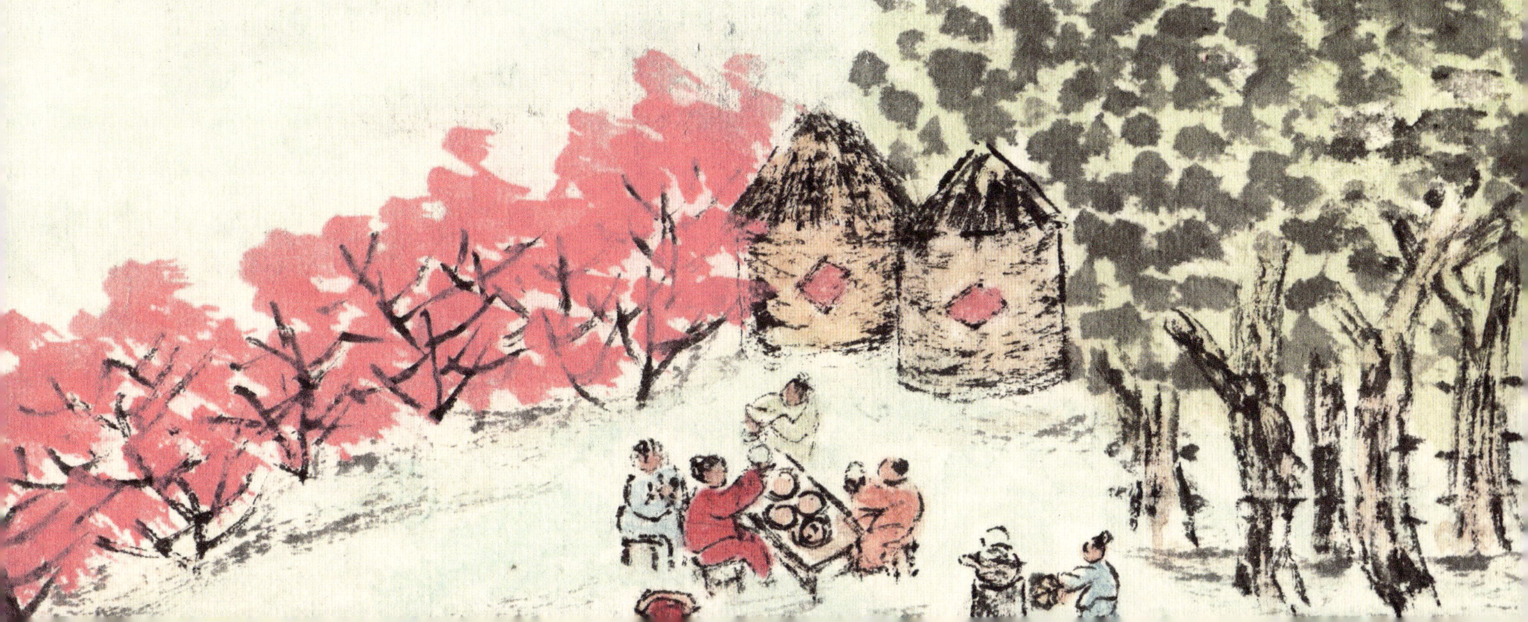

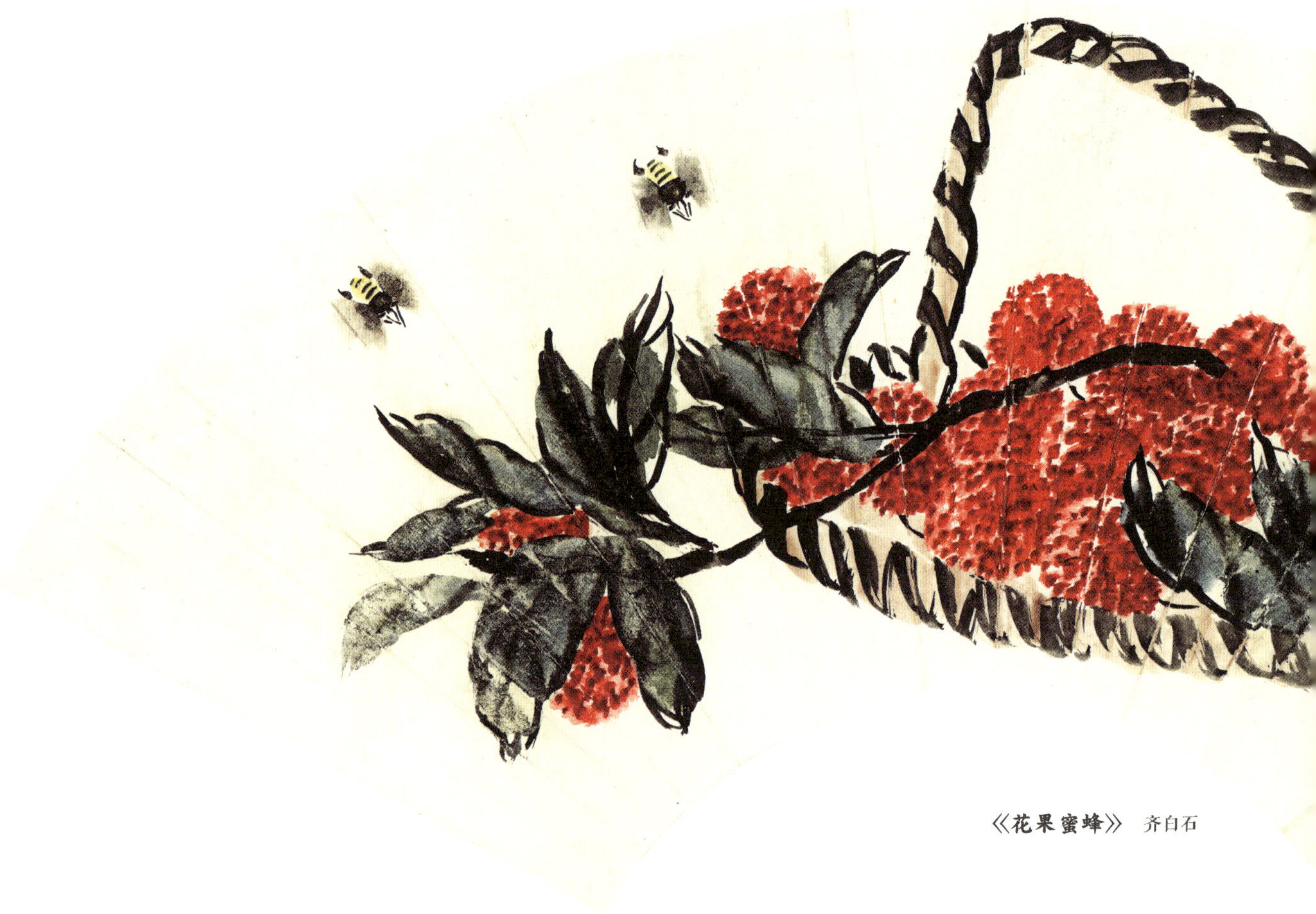

《花果蜜蜂》　齐白石

画赏

整幅画色彩浓艳，生动有趣。画家笔酣墨饱，力健有锋，画虫更是一丝不苟，极为精细，其笔下的蜜蜂，水墨淋漓，洋溢着自然界生气勃勃的气息。

蜂

〔晚唐〕罗隐

不论平地与山尖，
无限风光尽被占。
采得百花成蜜后，
为谁辛苦为谁甜。

▲山尖：山峰。 ▲尽：都。 ▲甜：醇香的蜂蜜。

诗说

小蜜蜂是勤劳的象征，无论是在平地，还是在高山，哪里有鲜花迎风盛开，哪里就有蜜蜂在奔忙。诗人看到这些奔波辛劳的蜜蜂，不禁问了起来，蜜蜂啊，你采光了百花的花粉酿成了花蜜，到底是为谁付出辛苦，又想让谁品尝香甜？

布秧

舊穀發新穎梅黄
雨生肥下田初播
殖却行手奮揮明
朝望平疇綠鍼刺
風漪審此一寸根
行作合穗期

《耕织图》［清］焦秉贞

练字指导

常用偏旁之米字底。
写米字底时，
下部米撇捺夹角约 90°，
捺比撇稍长，
捺和撇高于竖的末端。

画中描绘了乡村春天耕种的场景。远处树木苍翠，春花烂漫，画面的主体是身着简单布衣的两人，光着脚在田间播种，田边有一个提篮送饭的小儿，身后的小狗为画面增添了一丝生趣。

悯农 其一

［中唐］李绅

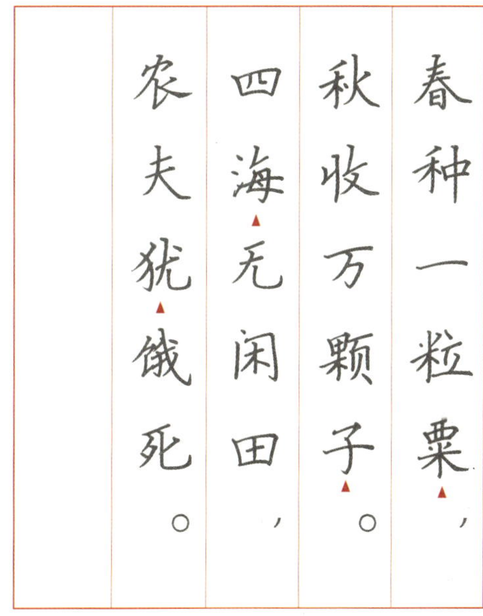

▲悯：怜悯，这里是同情的意思。 ▲粟（sù）：泛指谷类。 ▲子：指粮食颗粒。
▲四海：泛指全国各地。 ▲犹：还。

春天种下一粒种子，秋天收获万颗粮食。普天之下，即使没有被荒废的土地，可是劳苦种田的农民，还是会被饿死。

为什么辛苦种地的农民伯伯会被饿死？这是诗人留给我们思考的问题，也是我们读这首诗时能够收获的东西。

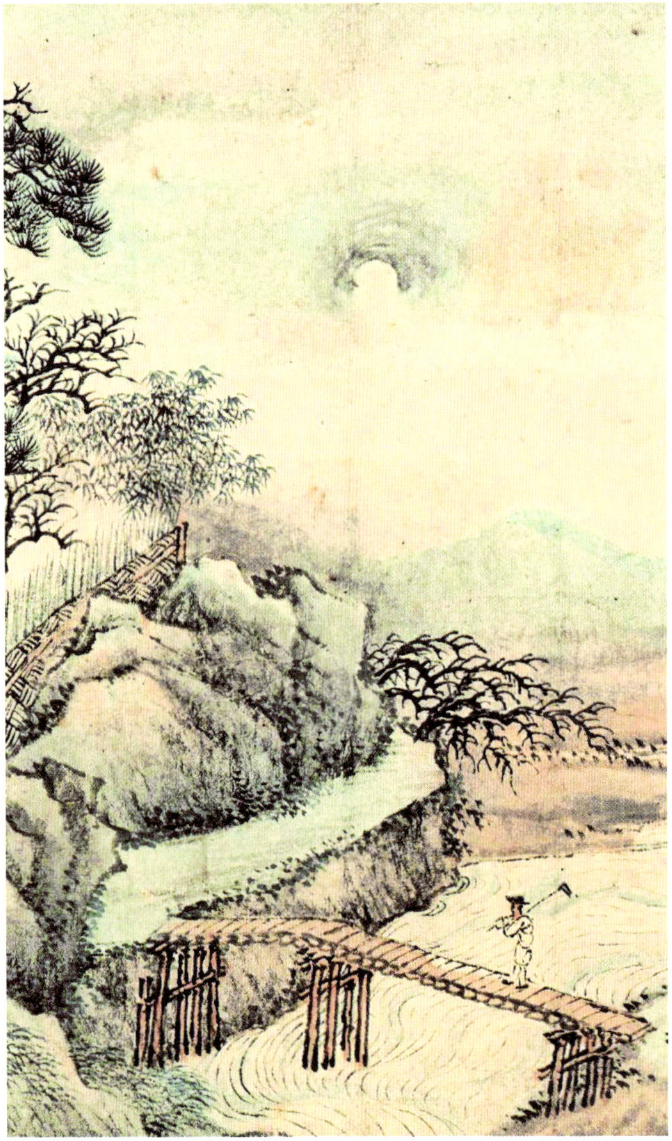

《荷锄图》［清］王翚

练字指导

上下结构的字。
上下同高，上宽下窄，
上部左小右大，
下部较小，两竖内收，
里面短横左右不连。

图中山石环抱，林木参差，山间雾气蒸腾，一轮圆月挂在空中，田间劳作的人头戴草帽，穿着简单的布衣，锄头扛在肩头，踏着月色，从渡桥上缓缓归来。

悯农 其二

【中唐】李绅

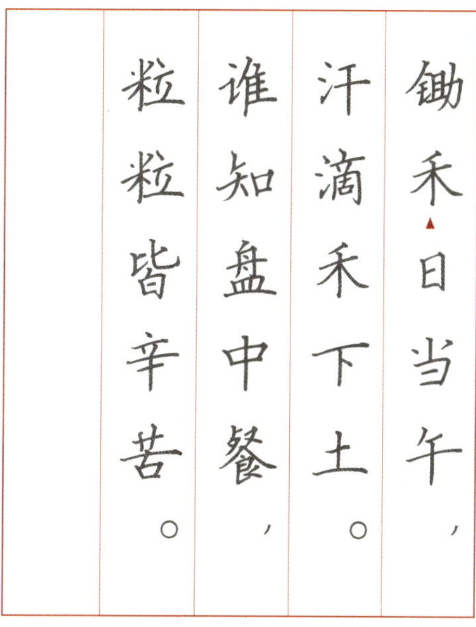

▲锄禾：为庄稼锄苗松土。

盛夏的中午，农民伯伯还在田地里辛勤地劳作，大把大把的汗珠都滴落在田地里。有谁能够想到，我们碗中的米饭，一粒粒都饱含着农民伯伯的血汗呀。

从小父母就告诉我们，要珍惜粮食，不能浪费粮食，因为这些都是农民伯伯辛苦收获的劳动成果，你做到了吗？

《青绿山水画》【明】沈周

这幅画描绘了秋天山林间红绿相映的醉人美景，用笔细致，以青绿设色，显得明净清幽。远山、坡石用披麻皴表现山峦的青翠秀逸，近景是被秋风染红的树木，摇曳生姿；一游子持杖伫立在溪岸旁欣赏山色。

游子吟▲

[中唐] 孟郊

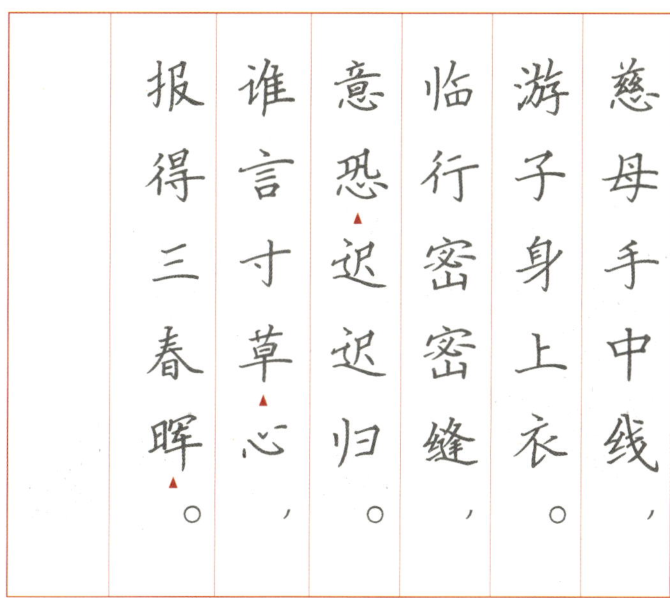

▲游子吟：古时歌曲的名称。 ▲意恐：担心。 ▲寸草：小草，比喻子女。

▲三春晖：春天灿烂的阳光，指慈母的恩情。

母亲手里把着针线，为即将远游的孩子缝制新的衣服。临行前她忙着把衣服缝得结结实实，因为不知道孩子什么时候才能回来啊。谁敢说仅用小草般的那点孝心，就可以报答春晖般的慈母之心呢?

诗人孟郊写这首诗，来歌颂自己辛勤的母亲。很多人都能和母亲成为很好的朋友，因为母亲不仅照顾自己的饮食起居，更能帮助我们解决精神和实际生活中发生的问题，这种事情无论是在现代还是在古代都是一样的。

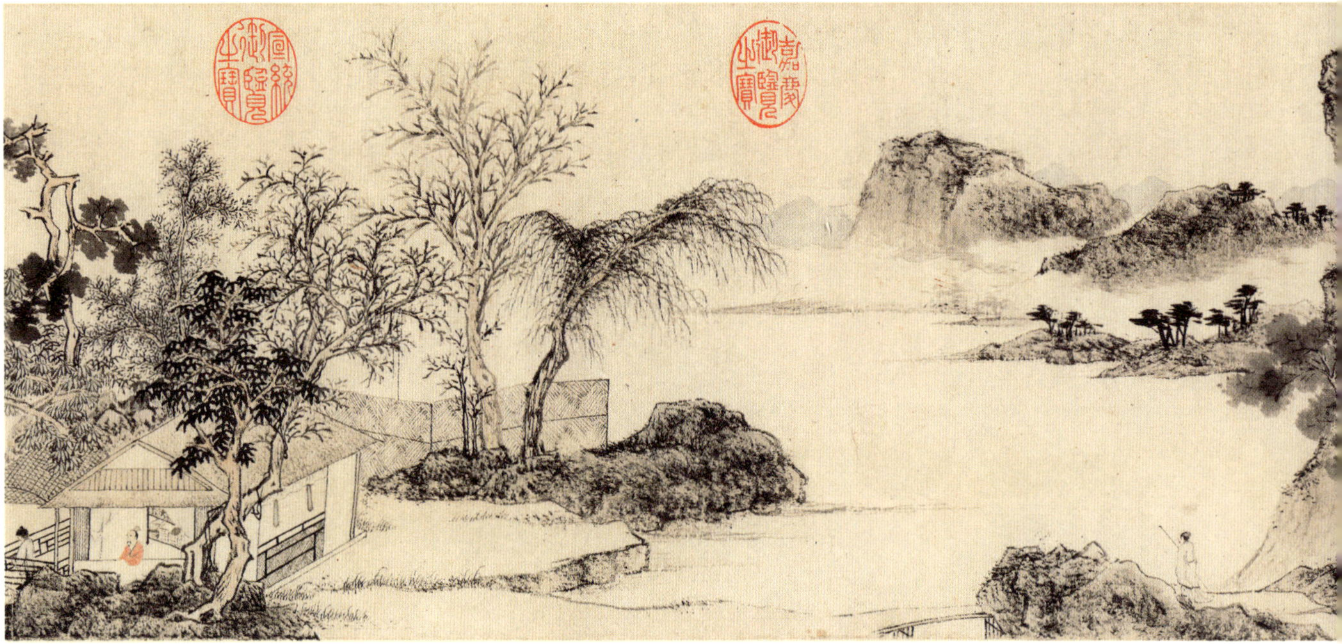

《林榭煎茶图》局部 〔明〕文徵明

画赏

在绿树环绕的房屋内，画家凭栏远眺。山腰云雾环绕，曲径通幽，四面峭石为山，连绵起伏，构成了一幅意境清幽的山水画。

长歌行

［汉］乐府诗

青青园中葵，朝露待日晞。
阳春布德泽，万物生光辉。
常恐秋节至，焜黄华叶衰。
百川东到海，何时复西归？
少壮不努力，老大徒伤悲！

▲葵：古代一种常见蔬菜。 ▲日晞：天亮。 ▲阳春：春天，一般是指阳春三月。
▲焜黄：形容草木凋落、枯黄的样子。 ▲华：同“花”，也有流水华年的喻义。

诗说

园中的葵菜郁郁葱葱，清早的露水等待着天亮。春天把希望洒在了大地上，万物都呈现出一派光辉的形象。很害怕秋天的到来，那个时候草木会凋零，叶子也会枯黄了。所有的河川都奔向大海了，什么时候才能回来啊？少年人如果不努力，等到老的时候再悔恨也没用了。

这首诗我们最熟悉的应该就是最后两句“少壮不努力，老大徒伤悲”，其实整首歌都在鼓励人们珍惜时光，不要虚度光阴。

《柳燕图》 [元] 盛昌年

鹰

练字指导

半包围结构的字。
左上包右下，
左上部分横短撇长，
被包围部分向左靠拢，
使字整体紧凑。

画中的双燕悬挂在纤细的柳条上，其姿态翻转鲜活而又灵动，整个画面充满着风动摇曳的情境，画家笔下双燕神形兼备，富有着生活情趣。

归燕诗

［盛唐］张九龄

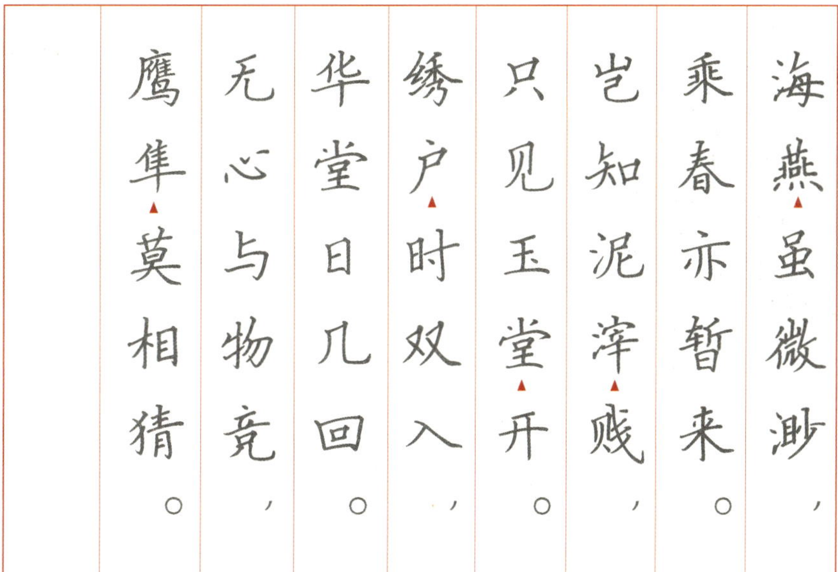

▲海燕：指燕子。 ▲泥滓（ní zǐ）：泥渣。 ▲玉堂：玉饰的殿堂，暗指朝廷。
▲绣户：华丽的居室，隐喻朝堂。 ▲鹰隼（sǔn）：鹰和雕，泛指猛禽。

诗说

海燕虽然是渺小的动物，也只是趁着春天的时候暂时回到北方。它不知道泥沙卑贱，看到殿堂的门开着就一日数次飞入华堂绣户，衔着泥巴做巢。海燕并没有与其他动物争权夺利的心思，其他的动物们也不必猜忌和重伤它。

海燕比喻的就是诗人自己。海燕不懂得泥沙和殿堂的对比，只想筑巢栖息，就像诗人自己不懂权贵，只想好好做事一样。

《关山行旅图》〔明〕戴进

簌

练字指导

常用偏旁之竹字头。
写竹字头时，
上部左右大小相等，
左高右低，
下部撇捺舒展，
上紧下松。

这幅画描绘了山村客栈的生活，画面的板桥上有三只驴踯躅而行，两位旅行者挑着行李，前面是村落，村落中有着几间茅屋，屋外有卸担问询的旅客，有闲坐玩耍的孩童，有犬守立村头，十分热闹。

浣溪沙·簌簌衣巾落枣花

［北宋］苏轼

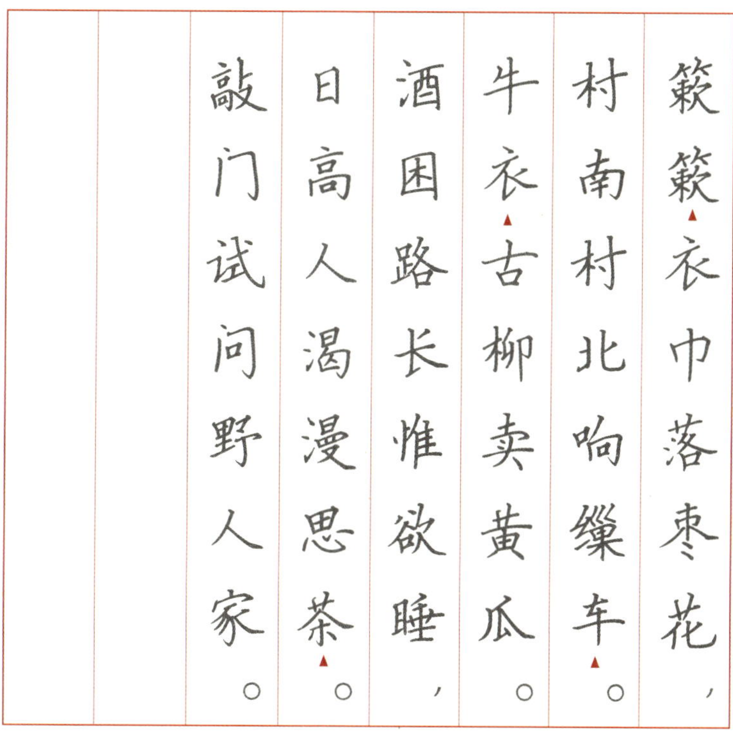

▲浣溪沙：词牌名。 ▲簌（sù）簌：纷纷下落的样子。 ▲缫（sāo）车：纺车。
▲牛衣：指粗麻织成的衣服。 ▲漫思茶：想随便去哪儿找点茶喝。

诗人走在乡间，纷纷落下的枣花沾满了他的衣巾。整个乡村都响着缫车缫丝的声音。古老的柳树下，有一个穿着粗布衣的农民在卖黄瓜。路途太遥远了，酒意涌上心头，只想小睡一会儿。可是现在艳阳高照，诗人口渴难耐，又想随便去哪儿找点水喝。于是他敲开了一户农家的门，问道：是否可以给一口水喝？

苏轼的这首词既有景，又有人，还有与人沟通的画面，可以说绘声绘色，极具乡土气息。

己把炭都拉去皇宫。卖炭翁不舍得，可也不得不做。最后，这一车一千多斤的炭，只换来了半匹红纱和一丈绫。

这首诗正如诗名，描写的是卖炭翁的辛苦艰难。诗人把自己对劳动人民的深切同情，融入在了这首诗里。

卖炭翁

〔中唐〕白居易

卖炭翁，
伐薪烧炭南山中。
满面尘灰烟火色，
两鬓苍苍十指黑。
卖炭得钱何所营？
身上衣裳口中食。
可怜身上衣正单，
心忧炭贱愿天寒。
夜来城外一尺雪，
晓驾炭车辗冰辙。

▲薪：木柴。▲苍苍：灰白。▲营：谋求。▲翩翩：轻快的样子。▲文书：公文。
▲敕（chì）：皇帝的命令或诏书。▲回：调转。▲叱：吆喝。▲将：助词，用于动词之后。
▲匹：古代布帛计量单位，一匹约12米。▲丈：古代长度单位，一丈约3米。▲系：挂。▲直：同“值”。

诗说

前面四句分别从卖炭翁脸上沾满了灰尘，两鬓头发灰白，十指也因为炭烧得很黑，来传达他这样努力只是为了争得碗里的一口饭和身上的一件衣而已。卖炭翁即使自己身上穿着薄衣，但仍然希望天气更加寒冷一些，因为只有这样自己的炭才能卖个好价钱。他赶着车到城里，却遇到了手拿皇上文书的太监，让自

《涉水返家图》【明】戴进

练字指导

上下结构的字。
上高下矮，包围下部，
上部三横等距，撇低捺高，
下部撇高竖低。

该画为立轴绢本，水墨淡彩。图中左侧是参天的古树，树干和岩石虽然不是写实，但挺立在雪景间，显得遒劲苍润。画中的人儿衣着单薄，在雪天独自行走在返家的途中，令人顿感艰辛和孤寂。

蚕妇

〔北宋〕张俞

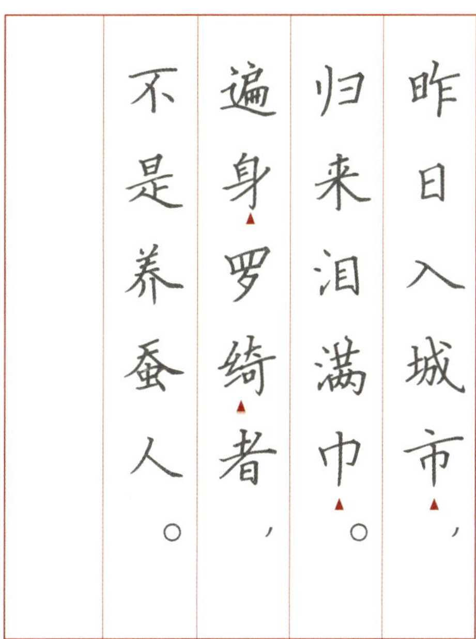

▲市：做买卖或卖货物的地方。 ▲巾：手巾。 ▲遍身：全身上下。 ▲罗绮（qǐ）：丝织品的统称。

一个以养蚕为生的妇女昨日去了城里，可回家时却泪流不止，泪水把手巾都沾湿了。为什么她会哭泣呢？原来是因为她看到城里全都是穿着美丽丝绸衣服的人，跟她这样辛辛苦苦的养蚕人的穿着竟如此不同。

以前的养蚕人是非常辛苦的工作，诗人的这首诗就是通过对养蚕人的描写，表达了对劳苦大众的同情。

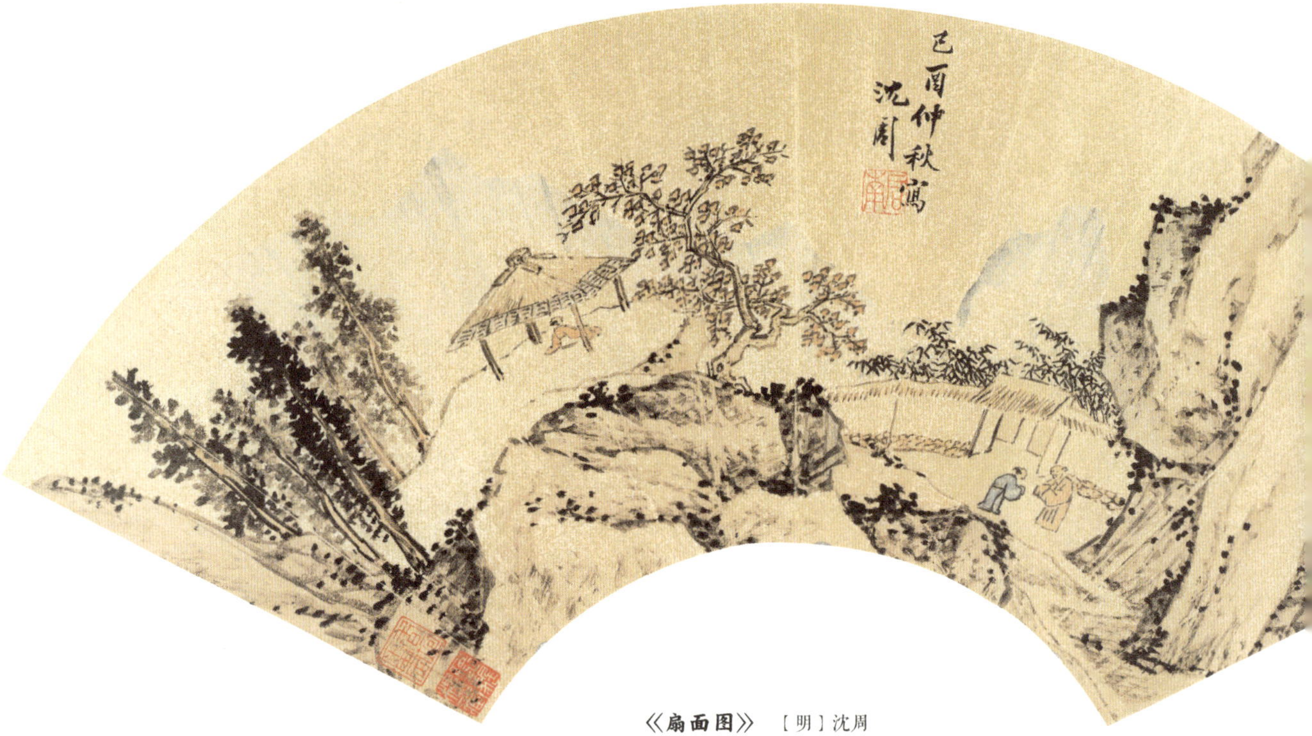

《扇面图》 ［明］沈周

仲秋时节，树叶已经开始变黄，山下的茅屋前，有两人在作揖交谈。旁边的高台上搭建着一座小亭，有一人在亭中席地而坐，望着远处的群山，陷入了沉思。

寒闺怨

[中唐] 白居易

寒月沉沉洞房静，
真珠帘外梧桐影。
秋霜欲下手先知，
灯底裁缝剪刀冷。

▲洞房：深屋。 ▲真珠帘：形容十分华贵的珍珠帘子。

寒冷的月光沉沉地洒向安静的小屋，屋外梧桐的影子映在屋门口的珍珠帘子上。双手已经预先感到了寒冷的到来，女子在灯下握着冰冷的剪刀，为戍边的丈夫裁剪冬衣。

这首诗，前两句都是写景，后两句是写情，诗人通过前面对写景物的铺垫来表达闺中少妇们思念戍边丈夫的感情。

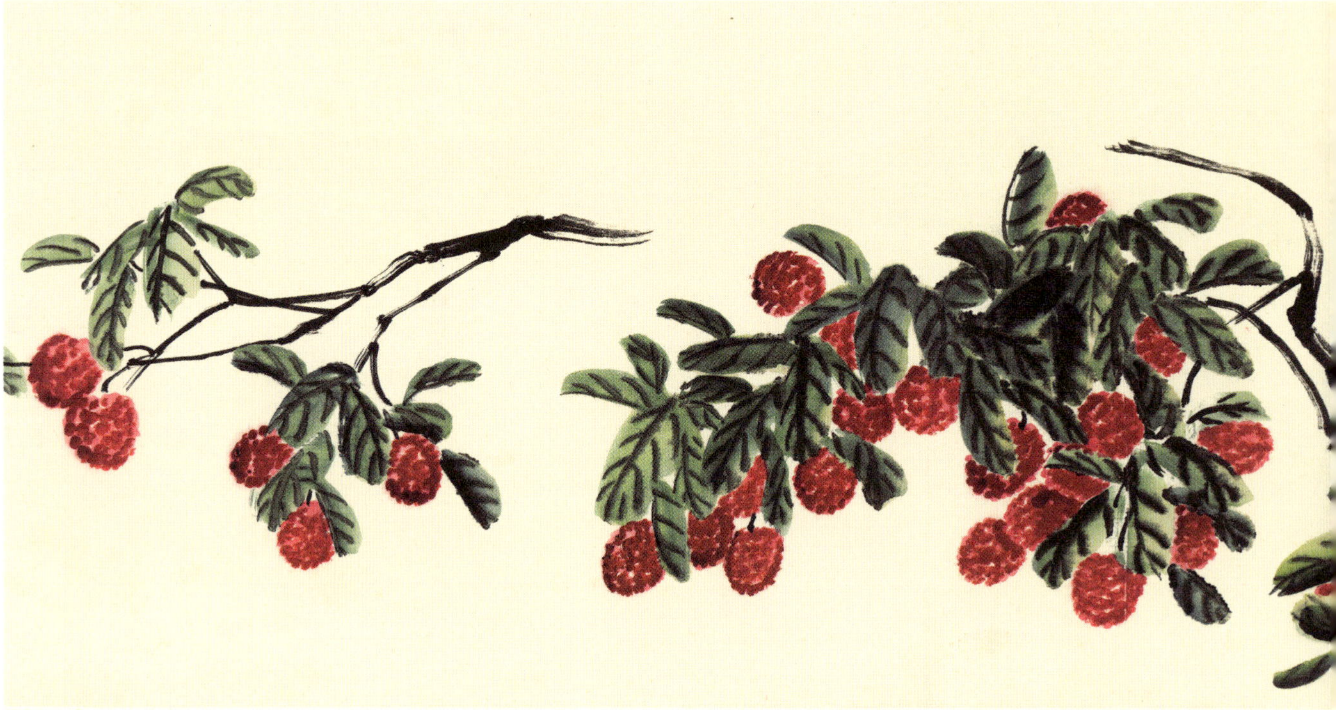

《人间佳果荔枝图》 齐白石

画赏

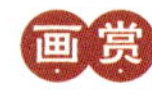

画里的藤篮中，满盛着熟透的荔枝，在翠绿枝叶的衬托下，荔枝的色彩显得更加饱满鲜红，馥郁的果香令人不禁垂涎欲滴。

食荔枝

[北宋] 苏轼

罗浮山下四时春，
卢橘杨梅次第新。
日啖荔枝三百颗，
不辞长作岭南人。

▲罗浮山：在广东博罗、增城、龙门三县交界处，为岭南名山。

▲卢橘：黑色的橘子，这首诗中指枇杷。 ▲啖（dàn）：吃。 ▲岭南：古代被称为南蛮之地。

诗说

罗浮山下的四季都像是春天一样，橘子、黄梅每天都有新鲜的。如果每天能吃三百颗荔枝，诗人愿意永远都做岭南人！

为什么诗人说愿意做岭南人呢？因为岭南在宋代是蛮荒之地，犯了罪的罪人大都会被流放到那里。可诗人却并不觉得那里有什么不好，反而愿意因为可以吃到荔枝而一直生活在那里，可以见得诗人是何等豁达的人。

小诗词知识

北宋第一美食家

苏轼不仅仅是中国历史上的大文豪，还是名副其实的美食家，在他的作品中就出现了很多关于美食方面的诗句。

清茶野味

苏轼和朋友一起在野外游玩时，配清茶野餐，于是写下了“雪沫乳花浮午盏，蓼茸蒿笋试春盘”（《浣溪沙·细雨斜风作晓寒》），意思就是好茶配上时令的蔬菜，简直是人间的美味呀。

东坡肉

想必大家都吃过一道叫“东坡肉”的菜肴，这道菜为何以苏轼（字东坡，也叫苏东坡）命名呢？

苏轼初入黄州时，发现当地物产丰富，粮多猪多，肉价便宜。富贵人家一般都不屑于吃猪肉，贫穷人家却又不知道怎么做好吃。而苏轼很爱吃猪肉，他还特意写过一首词，叫作《猪肉颂》。

苏轼说炖肉要用小火，放少量的水慢慢煨炖，不要着急，到时候它的味道自然醇厚，肥而不腻，美不可言。这样接地气又可爱的诗人，在北宋应该找不到第二人了吧。

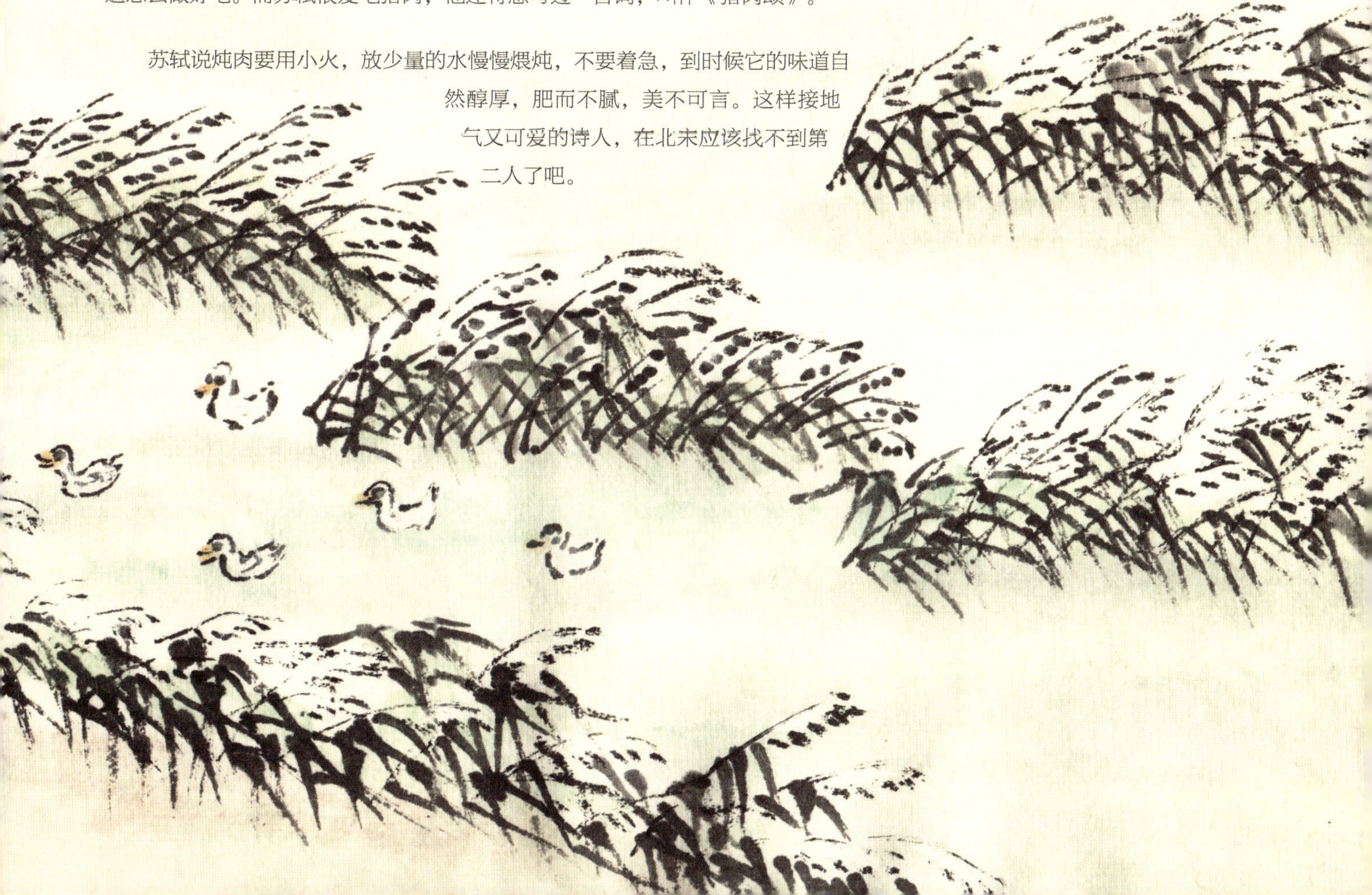

《花鸟夕阳图》［清］恽寿平

练字指导

常用偏旁之反文旁。
写反文旁时，
右侧交叉空间较小，
撇收捺放，
左侧上面横不要写长，
下部口字宜写扁。

这幅画的远处群山连绵，山坡上树木葱茏，在河的对岸几棵柳树随风摇曳，在不远处有几户人家，门前散养着一群鸡、鸭，整幅画十分热闹，生活气息浓厚。

过故人庄

【盛唐】孟浩然

故人具鸡黍，
邀我至田家。
绿树村边合，
青山郭外斜。
开轩面场圃，
把酒话桑麻。
待到重阳日，
还来就菊花。

▲具：准备，置办。 ▲鸡黍（shǔ）：指农家待客丰盛食物。 ▲合：环绕。
▲郭：古代城墙有内外两层，内为城，外为郭，这里指村庄的外墙。 ▲轩：窗户。
▲圃（pǔ）：菜园。 ▲把酒：端起酒具。 ▲桑麻：指庄稼。

诗说

诗人的老朋友准备了丰盛的饭菜，邀请他去家中做客。翠绿的树林围绕着村庄，苍翠的青山在城墙外横卧着。推开窗户，就能看到菜园，举起手里的酒杯闲谈起庄稼的情况。朋友告诉他，等到重阳节的时候，再请诗人到这里观赏菊花。

孟浩然是田园诗派的代表人物，这首诗描写了闲适恬静的田园生活，也写了和朋友的真挚情谊。从诗里感受得出来，诗人非常向往这样的田园生活。

《武夷烹茗图》黄宾虹

练字指导

独体字。
字形偏长，
短横较多的字，
起笔撇不要写平，
右边竖略低。

画中山峦起伏，山上种满了树木，显得郁郁葱葱。山林掩映中，有一人静坐在草亭里，悠闲品茶。整幅画用墨浓淡相宜，意境深远。

武夷茶歌

［北宋］范仲淹

年年春自东南来，
建溪先暖冰微开。
溪边奇茗冠天下，
武夷仙人从古栽。

▲武夷茶：武夷山在建溪上游的崇阳溪边，故武夷茶又称建溪茶、建茶或建州茶。

▲建溪：福建闽江的北源。 ▲茗：茶树的嫩芽。

每一年的春天的气息都是从东南方向来的，建溪的天气开始变得暖和了，冰也开始慢慢化开。溪边有种植的名茶名冠天下，传说那是武夷山的仙人古时候栽下的茶啊。

爱茶的诗人，每年到武夷山品尝新茶，这也算是人生一件乐事了。

《东庄图册》［明］沈周

练字指导

半包围结构的字。
上三包，字形方正，
被包围部分重心靠上，
笔画不宜写太满。

该画描绘了一处庭院内的景色，院中一座简单的瓦房，大门敞开，有一人身着白袍坐在房中，手捧书卷，姿态随意。屋外绿树参天，院中鲜花盛开，整幅画给人一种悠闲自在的感觉。

观书有感 其一

[南宋] 朱熹

半亩方塘一鉴开，
天光云影共徘徊。
问渠那得清如许？
为有源头活水来。

▲鉴：镜子。 ▲渠：它，指池水。 ▲那得：怎么会。 ▲如许：这样。

半亩大的方形池塘像一面打开的镜子，天空的光亮和云彩的影子在水面上闪耀浮动。为什么池塘里的水这样清澈明净呢？原来是源头有源源不断的活水向这边奔涌而来。

这其实是朱熹在描写自己读书时的感受，不停地读书，就像有源源不断的活水留到自己的心里。

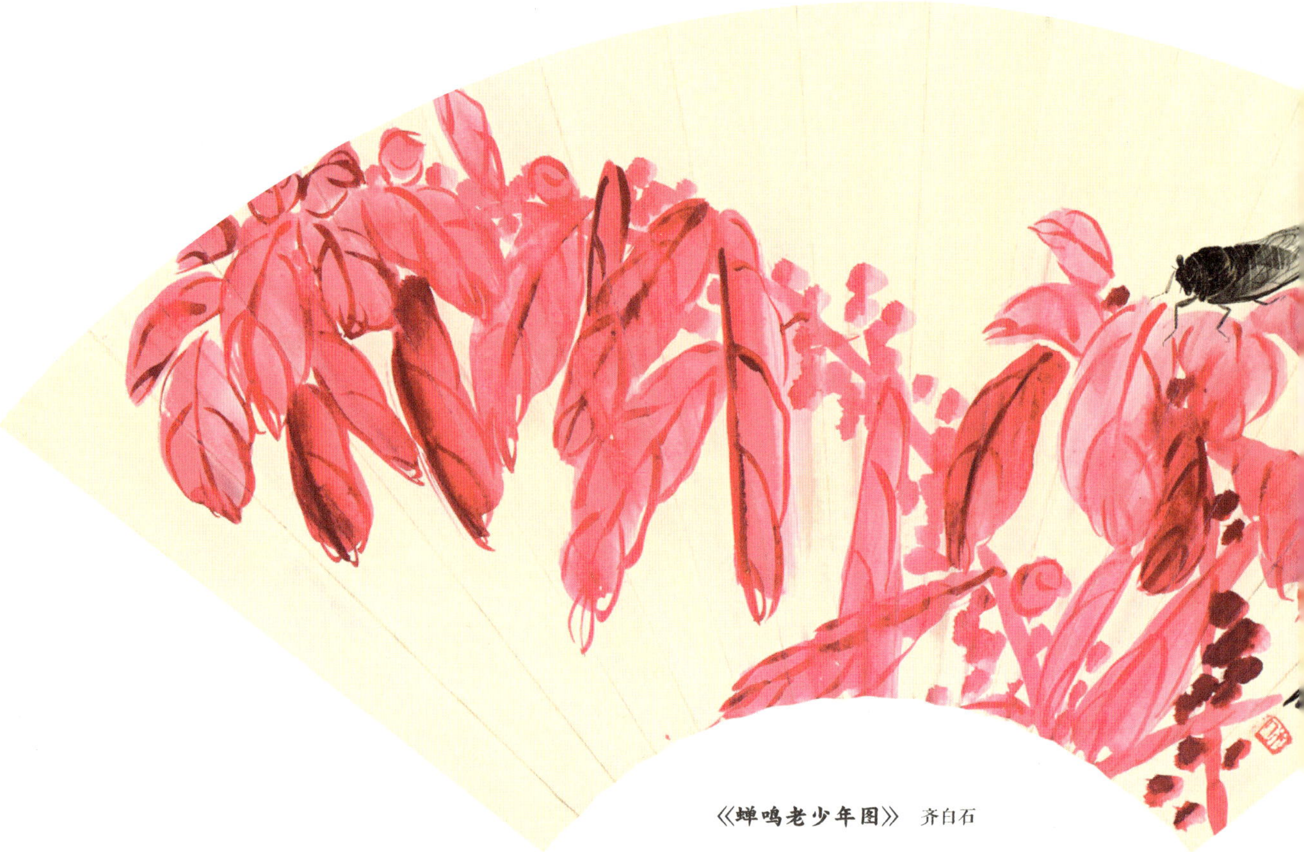

《蝉鸣老少年图》 齐白石

画赏

画家以单色来画红叶，但笔法娴熟，略分浓淡，勾勒舒展灵动。在红叶的上方，有一只蝉静静地停在那里，虽然蝉的造型质朴简洁，但工笔精细，画得惟妙惟肖，栩栩如生，画面生气顿出。

蝉

〔初唐〕虞世南

▲垂緌（ruí）：古人结在颔下的帽缨下垂部分，蝉的头部伸出的触须，形状与其有些相似。

▲清露：指纯净露水，古人认为蝉是喝露水生活，其实是刺吸植物的汁液。

▲流响：指连续不断的蝉鸣。 ▲疏：稀疏。 ▲藉：凭借。

诗说

蝉垂下了像帽缨一样的触角吸着甘露，它的叫声从疏朗的梧桐树间传出。总能听到它高远的鸣叫声，这样的声音并不是借着秋风传送，而是因为它能爬到高高的树枝上啊。

每到夏天，特别是正午炎热的时候，如果你在树下摇着蒲扇乘凉，一定会听到蝉鸣声从高高的树上传下来。这样不起眼的小生物，诗人却写了一首诗来歌咏它。

《陶渊明诗意图》

【清】石涛

这幅画是石涛依据陶渊明诗意而画的，石涛十分赞赏陶渊明的回归自然、与世无争、避身独处的人生哲学。这幅画描绘了陶渊明忙完田地里的工作，回家的场景。画中桃花正开，掩映着茅屋，一种清新自然的田园美好景致油然而生。

归园田居

其三

【东晋】陶渊明

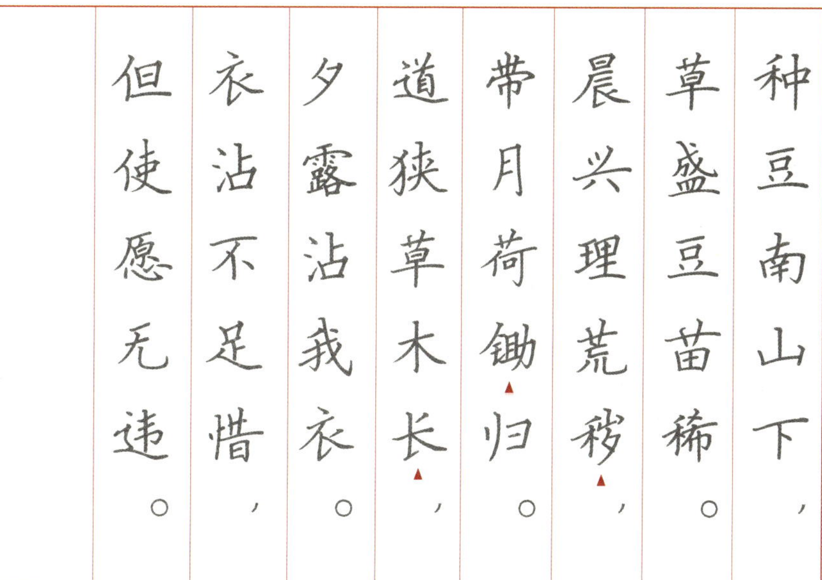

▲荒秽：形容词作名词，荒芜，指豆苗里面的杂草。▲荷锄：扛着锄头；荷，扛着。

▲草木长（zhǎng）：草木丛生。

诗人在南山下种植豆子，地里野草茂盛豆苗稀疏。清晨早起下地铲除杂草，夜幕降临了诗人披着月光才回到家。狭窄的山径草木茂盛，傍晚的露水沾湿了他的衣服。衣服被弄湿又有什么可惜，只要不违背他归隐的心愿就行了。

月下的诗人，肩扛着一副锄头，穿行在齐腰深的草丛里，是多么奇妙的月夜农耕图啊。

《事茗图》局部 ［明］唐寅

青山环抱，林木苍翠，远处的崇山峻岭间，有飞瀑直流而下。苍天古木下有数间茅屋，一人正聚精会神伏案读书，小溪板桥上，一人策杖来访，身后书童抱琴相随。整幅画清新淡雅，显露出一种闲情逸致的意境。

在村中游览时，不要嘲笑农家腊月里酿的酒浑浊，在丰收的年份一定会有足够丰盛的菜肴招待客人。看那山峦重叠、水流曲折担心前面没有路可以行走，其实根本不用担心，走着走着便发现柳绿花红又是一个山村。吹着箫打起鼓，春日祭祀的日子已经快到了，村民们仍然保持着简朴的传统风气。如果今后还能趁着月色外出闲游，真想拄着拐杖，随性在深夜叩响别人的家门。

就如诗名一样，这是诗人在村中游览时写下的一首诗。这首诗中的“山重水复疑无路，柳暗花明又一村”可谓是千古绝唱。诗句“绝处逢生”中的哲理让历朝历代的读者感叹诗中的哲理。

游山西村

【南宋】陆游

莫笑农家腊酒浑，
丰年留客足鸡豚。
山重水复疑无路，
柳暗花明又一村。
箫鼓追随春社近，
衣冠简朴古风存。
从今若许闲乘月，
拄杖无时夜叩门。

▲浑：浑浊，酒以清为贵。　▲豚（tún）：小猪，即是猪肉。

▲柳暗花明：柳树颜色深绿，所以说“暗”；花色红艳，所以说“明”。

▲春社：古代立春后第五个戊（wù）日为春社日，祭土地神，祈求来年丰收。

▲无时：没有固定的时间，即随时。

《王士祯放鹇图》［清］禹之鼎

画赏

画面上云气缭绕，远山空蒙，山下屋宇在云气之间隐隐约约中显现，一派空阔清幽的景象。屋中的主人公身着白袍，手持书卷，端坐在木椅上眺望着远方，身边的童子打开鸟笼，放飞白鹤。整幅画诗情画意，极富感染力。

诗说

茅草房的庭院经常被打扫，干净得看不到一点青苔。花草树木被打理得成行成垄，都是主人亲自栽种的。庭院外的一条小河绕着农田且保护着农田，打开大门，迎面两座大山为人们送来绿意。桑树枝叶繁茂，苦楝花也开得茂盛。清风把苦楝花的清香悄悄送过了墙头。黄莺几声啼叫惊扰了诗人的午休，恍惚间，诗人还觉得自己仍然住在旧日所住的半山园中。

书湖阴先生壁

【北宋】王安石

茅檐长扫净无苔，
花木成畦手自栽。
一水护田将绿绕，
两山排闼送青来。
桑条索漠楝花繁，
风敛余香暗度垣。
黄鸟数声残午梦，
尚疑身属半山园。

▲湖阴先生：杨德逢，王安石晚年居住金陵时的邻居。 ▲茅檐：茅屋檐下，这里是指庭院。

▲成畦（qí）：田地经过修整，成垄成行。 ▲护田：指环绕着田地。 ▲排闼（tà）：开门。

▲楝（liàn）花：指的就是北方常见的苦楝花。

▲敛：收敛。 ▲垣（yuán）：矮墙。 ▲黄鸟：黄莺。 ▲半山园：王安石退隐江宁住所，今南京东郊。

《雨余柳色图》【清】弘仁

练字指导

左右结构的字。
左窄右宽，左小右大，
左边三横等距，
右边突出主笔折钩。

画中山峰重叠俊秀，水渚错落，林木萧疏，水面辽阔。岸边有几株垂柳，一座小木桥，不远处有几栋屋宇掩映在丛林之中。此画笔墨苍劲整洁，散发着秀逸清幽之气。

江村即事▲

【中唐】司空曙

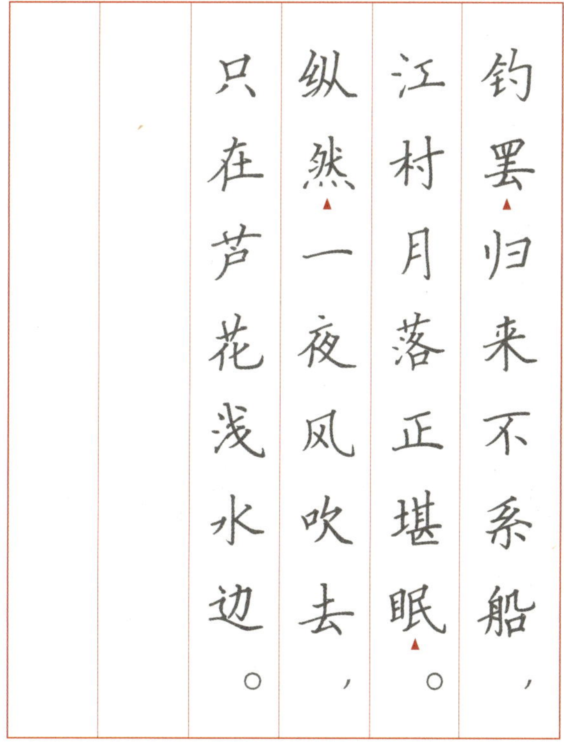

▲即事：以当前事物为题材所做的诗。

▲罢：完了，钓完了。　▲正堪眠：正是睡觉的好时候。　▲纵然：即使。

垂钓归来却懒得把缆绳系上，任渔船随风飘荡。此时的月亮已经西落，正好到了睡觉的时候了。即使夜里起了风，小船被风吹走，也能在芦苇花丛或是浅水岸边找到它。

在江村的生活是怎样的呢？诗人笔下的江村生活闲适、恬美，值得细细品味。

《竹菊图轴》［清］奚冈

练字指导

上下结构的字。
上高下矮，包围下部，
上部撇低捺高，
字的重心在撇捺交点上。

这幅画将山野中花鸟和山水融为一体，山石圆润，在山石中有清泉流淌，蜿蜒奔腾而下；山中一丛丛菊花盛开，花丛中夹杂着红果绿树，充满了生机。

不第后赋菊

［晚唐］黄巢

待到秋来九月八，
我花开后百花杀。
冲天香阵透长安，
满城尽带黄金甲。

▲不第：科举不中。 ▲九月八：九月九日为重阳节，有登高赏菊的风俗，这里“九月八”为了押韵。
▲杀：草木枯萎。 ▲黄金甲：指金黄色铠甲般的菊花。

等到秋天重阳节的时候，菊花盛开后其他的花就凋零了。阵阵香气在长安城里弥漫，整个长安城都沐浴在菊花的芳香中。这个时候，城里遍地都是金黄色如盔甲般的菊花。

这位诗人留世的三首诗中，有两首都在咏赞菊花，可见诗人对菊花品格的喜爱。

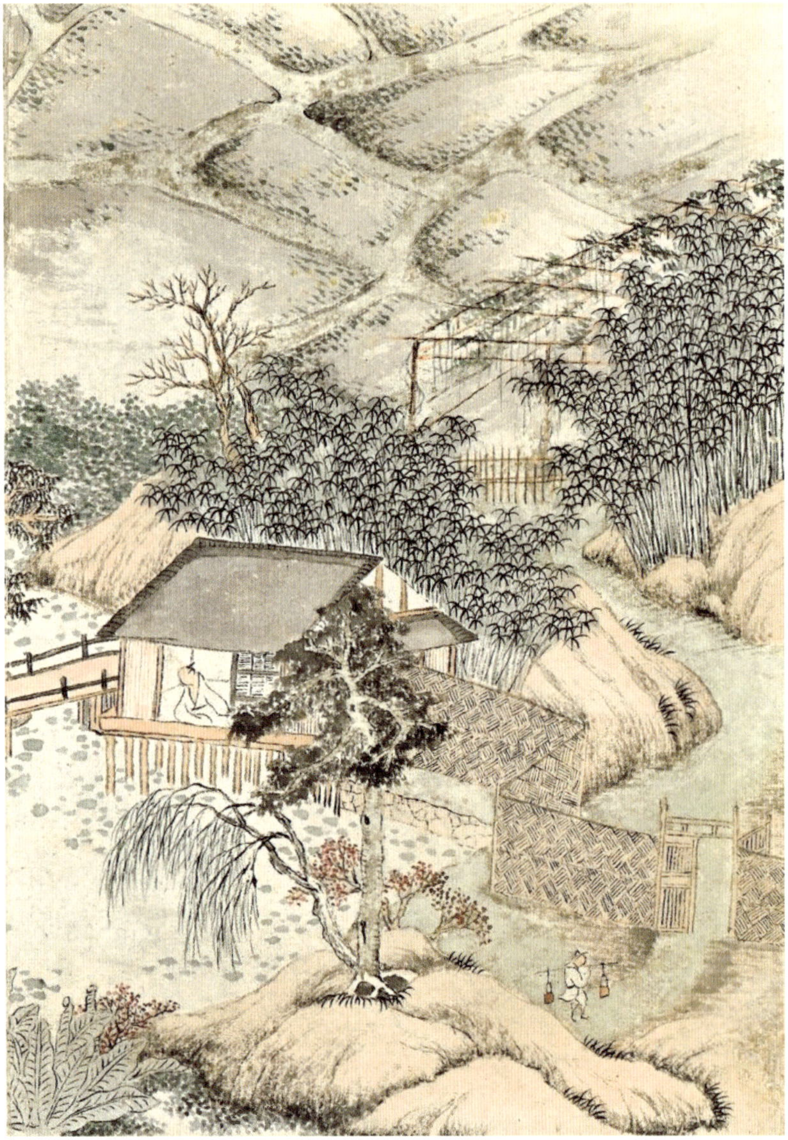

《河阳灌园图》〔清〕钱杜

练字指导

左右结构的字。
左右等宽，左高右矮，
左边横画间距相等，
最后一横变为提，要左收右放。

春天到了，地面一片酥绿，农民挑着一担水，走在弯曲的小道上，正准备给屋后的庄稼浇水。屋后竹林茂密，田野间阡陌交错，一派生机勃勃的田园风光。

西江月·夜行黄沙道中

【南宋】辛弃疾

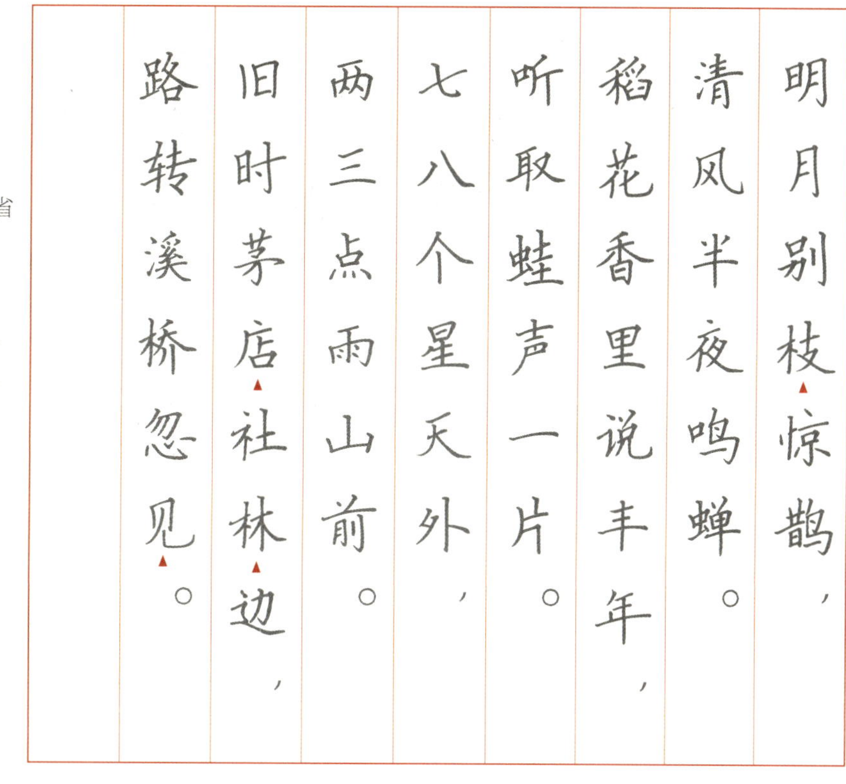

▲西江月：词牌名。

▲黄沙：黄沙岭，在今江西省上饶市西面。

▲别枝：横斜突兀的树枝。

▲茅店：用茅草盖的小客舍。

▲社林：土地庙旁边的树林。

▲见：同“现”。

月亮升上了树梢，惊动了在枝头栖息的喜鹊。清风吹拂的夜晚，远处有蝉的鸣叫声。在稻花的香气里，人们诉说着丰收的喜悦。耳边传来阵阵蛙鸣声，像是在和人们一起说着丰收年到了。天空中点缀着繁星，淅淅沥沥的小雨也在山前下起来。旧时的小屋依然在土地庙附近的树林中。走在小路上，一个转弯，就看到曾经的溪流和小桥了。

辛弃疾的这首诗可以用质朴和安宁来形容，稻香、蛙声、繁星、小屋，这些乡村朴实的景象在诗人笔下显得更加宁静安详，这也反映了诗人创作这首诗时的内心状态。

《杏林飞燕图》［明］沈周

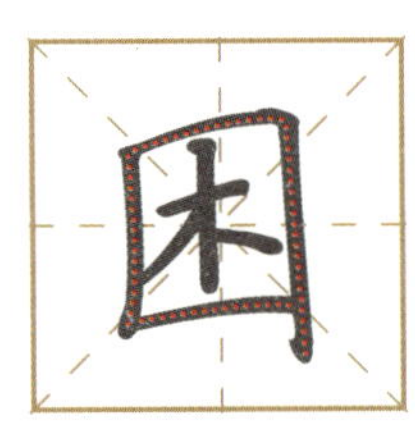

练字指导

全包围结构的字。
偏长方形，
被包围部分写八分满即可，
框内空间较小，以点替捺。

这是一幅折枝花鸟图，苍劲的枝干上杏花开得娇艳，引来了一只春燕落在枝头上，梳理着羽毛。画家使用浓淡相宜的笔墨，描绘出燕子的灵活清秀之态。

浣溪沙·一曲新词酒一杯

[北宋] 晏殊

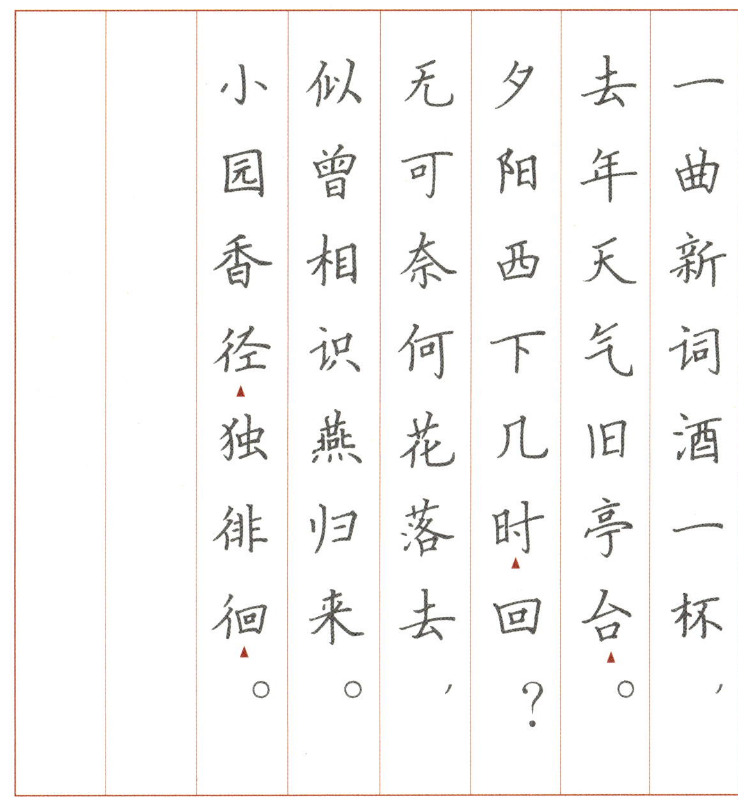

▲旧亭台：亭台依旧。

▲几时：什么时候。

▲香径：弥漫着花香的园中小路。

▲徘徊：来回走动。

坐在这里，听一支新曲子，喝一杯美酒，还是和去年差不多的天气，还是往日的亭台。夕阳从西边落下后，几时才能再回来？花儿飘落让人感到无可奈何，归来的燕子却似曾相识。只有诗人独自一个人在那开满花儿的小路上徘徊。

这首词是南宋词人晏殊的代表作，诗人描写了花的凋零、春光易逝等自然规律，来感慨年华飞逝之情。

小诗词知识

诗人聚会怎么玩

在古代，诗人们喜欢找一处静谧的竹林，席地而坐，玩一些像飞花令、行酒令、曲（qū 水流觞（shāng）等文字游戏，所以又被称为“雅集”。

曲水流觞

曲水流觞是古代民间的一种传统习俗，后来被发展成文人墨客聚会时喝酒吟诗的雅事。诗人们一起坐在蜿蜒的小溪边，把盛满着酒的酒杯置于流水上面，任酒杯顺流漂下，停在谁的面前，谁就要喝下这杯酒，并且即兴赋上一首诗。

在东晋永和九年（公元 535 年）三月三日，大书法家王羲之召集了文人雅士，举行了饮酒赋诗的“曲水流觞”活动后，有人作诗两篇，也有人一首都没想出来，没写出来诗篇的都要罚酒三杯。

飞花令

古代玩飞花令的时候，可选择用诗、词或者曲，选择的诗句一般不超过七个字，而且对规定的字位置有严格的要求。

来看看古人都是怎么用“花”来玩这个游戏的吧。

甲：花开堪折直需折（此时花在第一位）

乙：落花时节又逢君（花落到第二位）

以此往后推，花落到了第七个字位置上则完成了一轮，其中要是做不出诗的便会被罚酒一杯。

《橘绿图》［宋］马麟

图中的橘子已经渐渐成熟，变成淡黄色，压满了枝头。画家以粗细匀整的笔法勾画出橘叶的外形轮廓，并以黄绿色填涂叶面，叶片虽然不多，但其充满生命力的色彩为画面增添了几许活力。

浣溪沙·咏橘

［北宋］苏轼

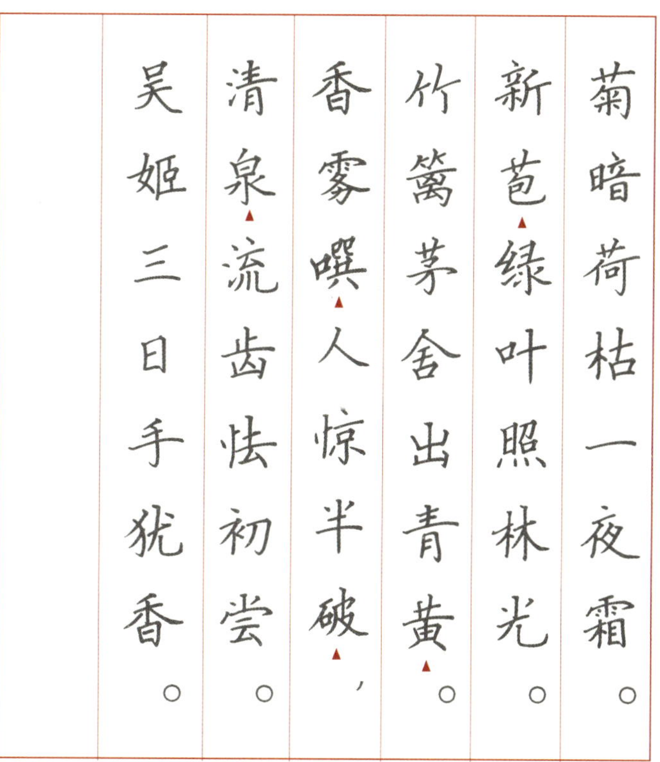

▲新苞：指新橘。

▲青黄：指橘子，橘子成熟时，果皮由青色慢慢变成黄色了。

▲噀（xùn）：喷。

▲半破：指刚刚剥开橘子。

▲清泉：指橘汁。

诗说

在经过一夜的霜冻过后，菊花凋零了，荷花枯萎了，而新出的橘子和绿叶相互映衬，光亮耀眼。竹篱茅舍里既能见到青而未熟的橘子，也能看见已经熟透变黄的。摘下一个橘子剥开，独特的芳香喷溅出来让人惊喜。小心翼翼地品尝一口，甜中带酸的汁水在齿间如清泉流过。江南的女子在剥了橘子三日后，手中仍然留有橘子清香的香味。

这是诗人苏轼在吃过橘子后有感而发写的一首咏物诗。

《落花游鱼图》 ［北宋］刘寀

图中描绘了一枝红杏，落花掉入池中引来一群鱼争相觅食，鱼儿在清澈的水中游弋、追逐，水草随波晃动，浮萍点点，鱼尾摆动轻盈，整幅画充满了灵动生趣。

练字指导

左右结构的字。
左右同形，左小右大，
右边起笔高于左边，
左边竖为垂露竖，
不可以写成悬针竖。

诗人在碧绿的潭水边观赏鱼儿，落下的树叶漂在清澈的潭水上面。太阳下山了，鱼儿跃出了水面，竟被夕阳染成了紫色。水面上荡起一圈一圈的波纹。暮霭（ǎi）渐渐浮起，飘入了竹林里，又渐渐散去。秋日的月亮，照得潭边的沙地一片光亮。诗人看着这潭水中的鱼儿，不禁想到，何苦唱着沧浪的歌归隐江湖呢？这一潭清水，完全可以洗涤我的帽缨啊！

观鱼潭

【盛唐】李白

观鱼碧潭上，
木▲落潭水清。
日暮紫鳞▲跃，
圆波处处生。
凉烟▲浮竹尽，
秋月照沙明。
何必沧浪去，
兹焉可濯缨▲。

▲木：树的落叶。

▲紫鳞：指鱼。

▲凉烟：指清晨雾气。

▲缨：指帽缨，一般指系在帽子上的穗状装饰物。

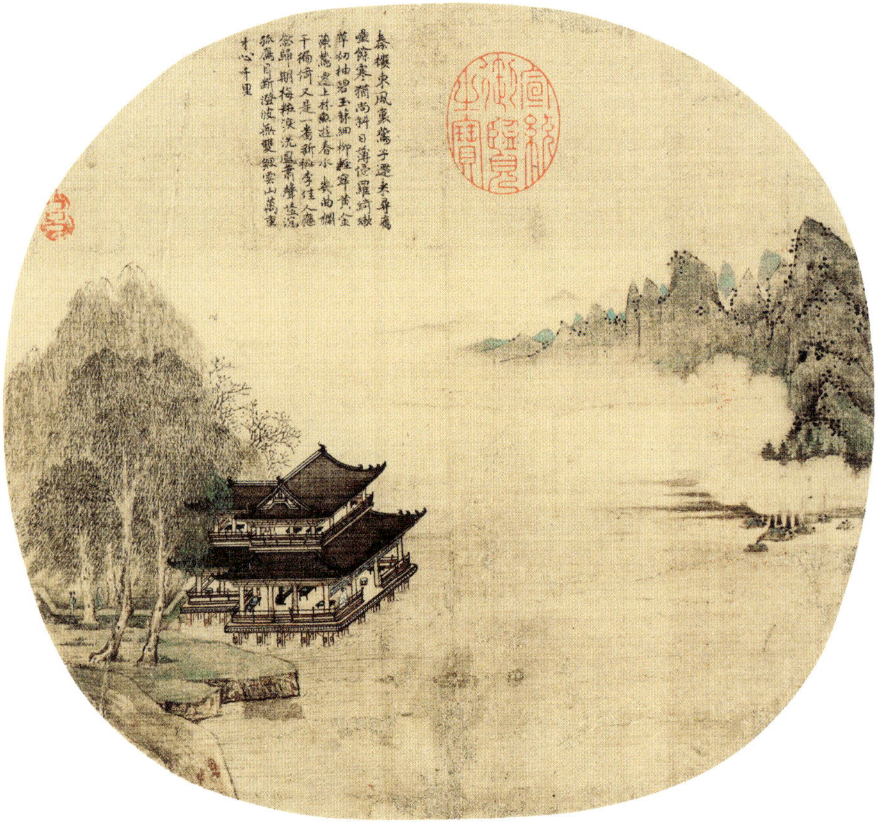

《玉楼春思图》　［南宋］王诜

江岸边柳树低垂，树木浓郁，岸边有一座临水阁楼，重檐飞翘，宛如振翅欲飞的水鸟，在楼阁上，主人公依靠栏杆眺望着江面，若有所思。江的另一边山峰勾画出轮廓，略加皴染。

晚晴

〔盛唐〕李商隐

▲夹城：两边筑有高墙的城防。 ▲幽草：幽暗地方的小草。 ▲迥：高远。

▲微注：光线微弱，柔和。 ▲越鸟：南方的鸟。

诗说

一个人深居简出过着清幽的日子，俯瞰整个夹城，春天已经过去，夏日晴朗。上天怜爱幽暗处生长的小草，让天气重新晴朗起来。诗人登上高高的阁楼远眺，夕阳的余晖透过窗棂（líng），照进阁楼里。南方鸟儿的窝巢已被晒干，它们的体态也恢复轻盈了。

全诗的灵魂应在“幽草”二字上。幽暗处不被人发现的小草，是不是诗人笔下的自己呢？

书写练习（同步临摹）

文中对应页

字	文中对应页	临摹	临摹
粟	4	粟	粟
皆	6	皆	皆
鹰	12	鹰	鹰
簌	14	簌	簌
养	18	养	养
故	26	故	故
自	28	自	自

蜂

罗隐

3 文中对应页

23

绘画作品索引（仅为本册索引）

全套诗词索引（按诗人朝代和出生先后来排序）

盛唐诗歌

中唐诗歌

晚唐诗歌

北宋诗歌

南宋诗歌

元明清诗歌

《蜻蜓荷花》 齐白石

编委会

图书在版编目（CIP）数据

你好啊，小诗词. 浮生半日闲 / 刘道林编著 ; 霜豪绘. -- 北京 : 中国铁道出版社有限公司, 2021.5
ISBN 978-7-113-27736-9

Ⅰ. ①你… Ⅱ. ①刘… ②霜… Ⅲ. ①古典诗歌—中国—中学—课外读物 Ⅳ. ①G634.303

中国版本图书馆 CIP 数据核字（2021）第 026342 号

书　　名： 你好啊，小诗词：浮生半日闲
NI HAO A, XIAOSHICI: FUSHENG BANRI XIAN
作　　者： 刘道林
插　　图： 霜　豪
策划编辑： 聂浩智　郭景思
责任编辑： 郭景思　　**电子信箱：** guojingsi@sina.cn
责任印制： 赵星辰
出版发行： 中国铁道出版社有限公司（100054，北京市西城区右安门西街 8 号）
印　　刷： 北京柏力行彩印有限公司
版　　次： 2021 年 5 月第 1 版　　2021 年 5 月第 1 次印刷
开　　本： 889 mm × 1194 mm　1/24　印张：24　字数：640 千
书　　号： ISBN 978-7-113-27736-9
定　　价： 198.00 元（全 8 册）